**CONGREGAÇÃO PARA
OS INSTITUTOS DE VIDA CONSAGRADA
E AS SOCIEDADES DE VIDA APOSTÓLICA**

ORIENTAÇÕES PARA A GESTÃO DOS BENS NOS INSTITUTOS DE VIDA CONSAGRADA E NAS SOCIEDADES DE VIDA APOSTÓLICA

CARTA CIRCULAR

Título original da obra: *Líneas orientativas para la gestión de los bienes en los Institutos de vida consagrada y en las Sociedades de vida apostólica*
© Libreria Editrice Vaticana, 2014.

Direção-geral: *Bernadete Boff*
Editora responsável: *Maria Goretti de Oliveira*
Tradução: *Paulo F. Valério*

1ª edição – 2014

Nenhuma parte desta obra poderá ser reproduzida ou transmitida por qualquer forma e/ou quaisquer meios (eletrônico ou mecânico, incluindo fotocópia e gravação) ou arquivada em qualquer sistema ou banco de dados sem permissão escrita da Editora. Direitos reservados.

Paulinas

Rua Dona Inácia Uchoa, 62
04110-020 – São Paulo – SP (Brasil)
Tel.: (11) 2125-3500
http://www.paulinas.org.br – editora@paulinas.com.br
Telemarketing e SAC: 0800-7010081

© Pia Sociedade Filhas de São Paulo – São Paulo, 2014

Todo aquele a quem muito foi dado,
muito lhe será pedido;
a quem muito foi confiado,
dele será exigido muito mais!
(Lc 12,48)

Caríssimos Irmãos e Irmãs:

O campo da economia é um instrumento da ação missionária da Igreja. Depois do Simpósio celebrado no mês de março deste ano sobre o tema "A gestão dos bens eclesiásticos dos Institutos de vida consagrada e das Sociedades de vida apostólica a serviço do *humanum* e da missão na Igreja", do qual participou notável número de Superiores/as gerais e de Ecônomos/as de muitos Institutos, e enquanto espera poder regular com uma Instrução específica a matéria em questão, este Dicastério, com a presente carta, se dirige aos Responsáveis, nos diversos níveis, a fim de indicar os elementos fundamentais sobre a gestão dos bens e oferecer sugestões úteis para a reorganização das obras.

O Simpósio reafirmou que os bens dos Institutos de vida consagrada e das Sociedades de vida apostólica são "bens eclesiásticos". Com efeito, tais Institutos e Sociedades são "pessoas jurídicas públicas",[1] constituídas pela autoridade competente para, "dentro dos fins a que se propuseram, segundo as prescrições do direito, desempenharem em nome da Igreja o múnus próprio que lhes foi confiado em ordem ao bem público".[2] Por esta razão, a necessidade dos bens econômicos nunca deve exceder "o conceito dos 'fins' para que são destinados

---

[1] *Código de Direito Canônico*, cân. 1257, § 1.

[2] *Código de Direito Canônico*, cân. 116, § 1.

e dos quais se deve sentir as limitações, a generosidade do emprego e a espiritualidade do significado".[3]

Juntamente com a compreensão do significado e da finalidade dos bens eclesiásticos, o Simpósio ofereceu, através de conferências, reflexões e encontros, exemplos válidos de gestão e de administração dos bens eclesiásticos, indicando em sua gestão profissional e transparente um meio eficaz para a missão dos Institutos.

As diversas reflexões suscitaram, antes de tudo, a memória de opções inovadoras e proféticas que, ao longo dos séculos, os consagrados foram fazendo no âmbito da economia, para o serviço de toda a sociedade. Estas opções são bem mais urgentes no contexto socioeconômico atual, no qual se revela fundamental o testemunho profético dos consagrados.

A dimensão econômica está intimamente entrelaçada com a pessoa e a missão. Opções fundamentais da vida passam pela economia, e nelas é preciso que transpareça o testemunho evangélico, atento às necessidades dos irmãos e irmãs.

Por conseguinte, na dinâmica formativa não se há de descuidar da atenção à dimensão evangélica da economia, particularmente na preparação dos que terão responsabilidades de governo e administrarão as estruturas econômicas, seguindo os princípios da gratuidade,

---

[3] Paulo VI, *Audiência Geral*, 24 de junho de 1970.

fraternidade e justiça, ao fundamentar uma economia evangélica baseada na partilha e na comunhão.[4]

O carisma fundacional inscreve-se, de pleno direito, na "lógica do dom", que não "exclui a justiça nem se justapõe a ela num segundo tempo e de fora": por ser dom, como consagrados damos nossa verdadeira contribuição ao desenvolvimento econômico, social e político, que "precisa, se quiser ser autenticamente humano, dar espaço ao princípio da gratuidade como expressão de fraternidade".[5] "Por sua natureza, o dom ultrapassa o mérito; a sua regra é a superabundância."[6]

Estas orientações e os princípios para a gestão dos bens são indicados a ajudar os Institutos a responder com renovada audácia e profecia evangélica aos desafios de nosso tempo, e possam continuar sendo sinal profético do amor de Deus.

Esta Congregação para os Institutos de vida consagrada e as Sociedades de vida apostólica convida a levar ao conhecimento dos membros do Instituto e, em particular, dos Superiores e dos Ecônomos, estas diretrizes e a enviar, antes do dia 31 de janeiro de 2015, com uma carta dirigida à Sua Excelência D. José Rodríguez Carballo, OFM, Arcebispo Secretário, o parecer e as sugestões sobre como melhorar e aproveitar cada vez mais e bem os recursos que a Providência colocou

---

[4] Cf. At 4,32-35.

[5] Bento XVI, Carta Encíclica *Caritas in Veritate* (29 de junho de 2009), 34.

[6] Ibidem.

à disposição da Igreja, para que desenvolva com maior eficácia sua missão de servir a Cristo e aos pobres, segundo os diversos carismas.

1. A gestão dos bens

Nesta primeira seção, examinam-se alguns elementos e procedimentos que favorecem uma correta e sã gestão dos bens nos Institutos de vida consagrada e nas Sociedades de vida apostólica.

1.1. Carisma, missão, obras e projetos

A "fidelidade ao carisma fundacional e ao sucessivo patrimônio espiritual de cada Instituto",[7] juntamente com as exigências evangélicas, é o primeiro critério de avaliação das decisões e das intervenções que se realizam, em qualquer nível, porque "a natureza do carisma dirige as energias, sustenta a fidelidade e orienta o trabalho apostólico de todos para a única missão".[8]

Mostra-se necessário, portanto, empreender uma releitura da missão em função do carisma, verificando se a identidade carismática das instâncias fundacionais emerge das características das respostas operativas. As obras mudam segundo as necessidades do tempo e sofrem declínios diversos, segundo o contexto sociocultural. Efetivamente, pode acontecer que se continue a

---

[7] João Paulo II, Exortação Apostólica *Vita Consecrata* (25 de março de 1996), 36.

[8] Ibidem, 45.

gerir obras que deixaram de estar alinhadas com a expressão atual da missão, e imóveis que já não respondem às obras que são expressão do carisma.

É necessário, portanto, que cada Instituto de vida consagrada e Sociedade de vida apostólica:

- defina que obras e atividades levar adiante, quais eliminar ou modificar e em que novas fronteiras iniciar percursos de desenvolvimento e de testemunho da missão, em resposta às necessidades de hoje e em total fidelidade a seu carisma;
- dê início a procedimentos que permitam bom planejamento dos recursos, prevendo o uso de orçamentos e de balanços, a percepção e a verificação dos desvios, o controle da gestão, a leitura atenta dos balanços, a avaliação e a remodelação dos passos a seguir; estes procedimentos são indispensáveis para a abertura de novas obras e para opções conscientes no caso de cessão ou alienação de imóveis;
- elabore planos plurianuais e projeções a fim de prevenir, na medida do possível, os problemas, ou enfrentá-los enquanto ainda podem ser resolvidos.
- utilize o orçamento não somente para as obras, mas também nas comunidades, como instrumento de formação para a dimensão econômica, a fim de aumentar a consciência comum desta dimensão e de avaliar o grau real de pobreza pessoal e comunitária;

- introduza sistemas de monitoração adequados para as obras desperdiçadoras e ponha em ação planos para superar o déficit, abandonando a mentalidade assistencialista (cobrir as perdas de uma obra sem resolver os problemas de gestão significa dissipar recursos que poderiam ser utilizados em outras obras);
- preste atenção à sustentabilidade (espiritual, relacional e econômica) das obras e, onde a dita sustentabilidade não esteja assegurada, revise as próprias obras;
- construa, se for necessário, novas estruturas que sejam ágeis e fáceis de gerenciar, menos onerosas no tempo e, em momentos de dificuldade vocacional, facilmente cedíveis ou parcialmente utilizáveis sem altos custos de gestão.

1.2. *Transparência e vigilância, garantia de uma atuação correta*

O testemunho evangélico exige que a gestão das obras se realize com total transparência, respeitando-se as leis canônicas e civis, a serviço das muitas formas de pobreza.

A transparência é fundamental para a eficiência e eficácia da missão.

A vigilância e os controles não devem ser entendidos como limitação da autonomia da instituição ou como falta de confiança; são, ao contrário, um serviço à comunhão e à transparência, e servem também para tutelar os que desempenham tarefas delicadas de administração.

A práxis da vigilância – como é determinada pelo direito universal e próprio – não responde somente ao dever de controle que cabe aos Superiores, mas constitui um elemento imprescindível à natureza dos bens eclesiásticos e ao seu caráter público, ou seja, de meios a serviço das finalidades próprias da Igreja.[9]

Para este fim, os Superiores Maiores, junto com seus Conselhos:

- elaborem sistemas de controle internos, segundo as dimensões das obras, com uma apropriada separação das tarefas e um claro sistema de autorizações;
- assegurem-se de que, através dos bens, a missão se realiza, respeitando os princípios evangélicos e, ao mesmo tempo, com objetivos de economicidade;
- tenham uma visão clara de como se gerenciam todas as obras em cada Província, tanto as obras de propriedade do Instituto quanto as obras que o Instituto promove ou que procedem dele (por exemplo, associações);
- aprovem os planos de investimento e os orçamentos no começo do ano;
- exijam uma documentação apropriada e registro das diversas operações.

---

[9] Cf. *Código de Direito Canônico*, cân. 1254.

Os/as Ecônomos/as:

- prestem contas periodicamente aos Superiores Maiores e a seus Conselhos do andamento administrativo, gerencial e financeiro do Instituto ou da Província, ou da obra em particular;
- documentem as transações e os contratos segundo os requisitos legais da legislação civil dos respectivos lugares;
- utilizem sistemas modernos para arquivar e conservar informaticamente os dados.

1.3. A prestação de contas e os balanços

O Papa Francisco, em sua mensagem aos participantes do Simpósio, convidou a conjugar "a prioritária dimensão carismático-espiritual à dimensão econômica e à eficiência, que tem seu próprio *húmus* na tradição administrativa dos Institutos, que não tolera desperdícios e está atenta ao bom uso dos próprios recursos".[10]

Neste sentido, são fundamentais os instrumentos relativos à prestação de contas dos balanços. É particularmente oportuno habituar-se a diferenciar os balanços das obras dos balanços das comunidades. A definição das regras contábeis e dos esquemas de balanço comuns a toda a realidade do Instituto (circunscrições intermediárias, comunidades, obras, serviços) representa

---

[10] Francisco, Mensagem aos participantes do Simpósio Internacional sobre o tema "A gestão dos bens eclesiásticos dos Institutos de vida consagrada e das Sociedades de vida apostólica ao serviço do *humanum* e da missão na Igreja", 8 de março de 2014.

um passo obrigatório para uniformizar, em âmbito nacional e internacional, o processo de formação dos próprios balanços.

A este respeito, os Institutos de vida consagrada e as Sociedades de vida apostólica:

- redijam balanços segundo esquemas internacionais uniformes, introduzindo regras contábeis, modelos de prestação de contas e critérios de avaliação do que foi dito nos balanços comuns em âmbito nacional e internacional;
- introduzam nas obras o certificado dos balanços e as auditorias, já que representam a garantia de uma atuação econômico-administrativa correta da parte dos Institutos;
- peçam o apoio de peritos qualificados, disponíveis para o serviço da Igreja, e de docentes do setor em universidades católicas e em outros estabelecimentos de ensino. A transparência e a confiabilidade da prestação de contas e da gestão podem ser mais bem alcançadas com a ajuda de expertos para garantir a adoção de procedimentos idôneos, levando-se em conta a dimensão do Instituto e de suas obras.

Lembramos que esta Congregação para os Institutos de vida consagrada e as Sociedades de vida apostólica, na ausência de balanços registrados, pode não conceder a autorização para procedimentos de financiamento.

1.4. Gestão dos bens e patrimônio estável

O conjunto dos bens móveis e imóveis, de direitos e de ativos e passivos da pessoa jurídica, considerado unitariamente, constitui seu patrimônio. Este patrimônio não pode ser posto em risco, visto que permite que a entidade viva.

Nesta perspectiva, é urgente reconsiderar e aprofundar, nos respectivos contextos eclesiais e legislativos, a normativa canônica do chamado "patrimônio estável". O Código de Direito Canônico não o define expressamente; pressupõe a noção de conceito clássico, elaborado pela doutrina canonista dos "bens legitimamente atribuídos"[11] à pessoa jurídica como dote permanente – para facilitar a consecução dos fins institucionais e garantir a autossuficiência econômica.

Em geral, considera-se patrimônio estável: os bens que fazem parte do dote fundacional da entidade; os bens que chegaram à própria entidade, se o doador assim o estabeleceu; os bens que a administração destina à entidade. Para que um bem possa fazer parte do patrimônio estável de uma pessoa jurídica, é preciso uma "legítima atribuição".[12]

Por conseguinte, este Dicastério pede que:

- cada Instituto de vida consagrada e Sociedade de vida apostólica, depois de uma atenta ava-

---

[11] *Código de Direito Canônico*, cân. 1291.
[12] Cf. ibidem.

liação do conjunto e das obras respectivas, disponha, do modo mais pertinente e levando em conta também as implicações da legislação civil, sobre a lista dos bens que constituem o patrimônio estável;

- o Superior maior, com seu Conselho, ou um órgão com poder colegial (Capítulo geral, provincial ou assembleias semelhantes) – que esteja determinado pelo Direito próprio –, estabeleça a legítima atribuição, mediante adequada deliberação.

A obrigatoriedade da introdução do conceito de patrimônio estável tem que constar nas Constituições ou, pelo menos, em outros textos do direito próprio do Instituto.

Tal normativa constitui não somente uma oportunidade determinada pela legislação canônica, mas também, em alguns casos, representa uma solução inadiável para salvaguardar a continuidade do Instituto como pessoa jurídica pública.

2. A colaboração com a Igreja local, com os demais Institutos e com os assessores

2.1. Relação com o Ordinário do lugar e com a Igreja local

A missão da vida consagrada é universal, e a de muitos Institutos abarca o mundo inteiro; no entanto, está encarnada em realidades locais que são específicas.

Os Institutos, em suas diversas articulações, estão em constante relação com a Igreja universal e com a Igreja local.

- O diálogo com o Ordinário do lugar é importante quando os Institutos têm a intenção de fechar casas ou obras,[13] ou alienar imóveis.
- Antes de tomar decisões relativas a um território, é oportuno que os Superiores maiores compartilhem suas intenções com os demais Institutos presentes no dito território, de modo que a cidade ou a diocese não fique desprovida de presenças religiosas.

2.2. Relações com colaboradores e assessores

Levando-se em conta a complexidade das questões econômicas e financeiras na gestão dos bens e das obras, hoje em dia, é quase impossível prescindir da colaboração de técnicos, leigos ou membros de outros Institutos.

No entanto, é preciso evitar dois extremos: por um lado, não servir-se de assessores para não gastar dinheiro, correndo-se o risco de incorrer em problemas legais, econômicos e fiscais; e por outro, gastar dinheiro do Instituto em assessoramentos empreendidos sem discernimento, que nem sempre são eficazes.

É bom recordar que a responsabilidade última das decisões em matéria administrativa, econômica,

---

[13] *Código de Direito Canônico*, cân. 616, § 1.

gerencial e financeira cabe sempre ao Instituto, e não é possível deixá-la nas mãos de leigos ou de membros de outros Institutos.

Por conseguinte, os assessores podem ser úteis, mas não podem substituir os responsáveis pelo Instituto.

A este respeito:

- é necessário recorrer a colaboradores leigos nos âmbitos em que o Instituto não possui profissionalismo específico ou competências técnicas entre seus membros;
- as relações com os profissionais sejam reguladas mediante contratos claros, por tempo determinado e segundo os serviços que se requerem;
- para o Instituto, pode ser de grande auxílio incluir nas comissões de estudo membros de outros Institutos, ou leigos, com um regulamento formal que indique os objetivos e a duração do serviço dos componentes.

2.3. *Relação e colaboração com outros Institutos*

A colaboração entre Institutos – que já foi objeto de uma Instrução específica desta Congregação sobre a formação[14] – é fonte de experiências de grande importância na interação pastoral e caritativa das Igrejas particulares; trata-se, agora, de afiançá-las ainda mais, seguindo uma estratégia eclesial explícita. Colocar

---

[14] Congregação para os Institutos de vida consagrada e as Sociedades de vida apostólica, Instrução *A colaboração entre institutos para a formação* (8 de dezembro de 1988).

em comum recursos, projetos, atividades não deve ser entendido, antes de tudo, como medida para salvaguardar a continuidade das obras, mas para promover seu significado carismático, ou seja, eclesial.

A colaboração com outros Institutos religiosos (em termos de comunicar as boas práticas, trabalhar juntos em prol de projetos comuns, iniciar novas formas para servir à Igreja) pratica-se como caminho para reforçar a administração e a gestão dos recursos e a eficácia da missão de cada Instituto.

As Conferências de Superiores Maiores oferecem grande contribuição para incrementar a comunhão entre os Institutos e, além de fomentar a colaboração e o diálogo, podem assegurar, principalmente no que se refere às normas civis, uma ajuda válida e indicações úteis.

3. Formação

A formação para a dimensão econômica, alinhada com o próprio carisma, é de fundamental importância para que as opções missionárias sejam inovadoras e proféticas.

Em quase todos os Institutos, os aspectos econômicos são confiados a uma pessoa, ao/à Ecônomo/a, a quem se atribui uma tarefa técnica: isto foi criando desinteresse pela economia dentro das comunidades, favorecendo a perda de contato com os custos de vida e as fadigas que a gestão impõe, e provocando, na realidade que nos rodeia, uma dicotomia entre economia e missão.

Além disso, a formação para os Ecônomos nem sempre se ajusta às novas instâncias e à mudança que afeta o papel do Ecônomo na passagem de uma ótica de prestação de contas para uma ótica de gestão.

Por conseguinte:

- os Superiores maiores deverão estar conscientes de que nem todas as técnicas de gestão correspondem a princípios evangélicos e que tampouco todas concordam com a doutrina social da Igreja;
- a formação inicial preveja itinerários que eduquem para a dimensão econômica e de gestão, para os custos de vida e da missão, a fim de que o voto de pobreza seja vivido com responsabilidade no contexto socioeconômico atual;
- a formação dos Ecônomos sensibilize os irmãos e irmãs em relação aos princípios evangélicos que movem a ação econômica e lhes proporcione competências técnicas para poderem desenvolver o serviço do economato, alinhado à gestão;
- todos os membros do Instituto estejam conscientes da importância de trabalhar com orçamentos e balanços; ademais, estejam atentos a que os orçamentos reflitam os valores e o espírito do Instituto, e os assumam como via

prática de formação na dimensão econômica da missão e das obras;

- os Ecônomos sejam ajudados e acompanhados, para que exerçam sua função como um serviço e não como um domínio; sejam generosos e previdentes em garantir a disponibilidade dos bens para o apostolado e para a missão;
- os leigos que colaboram com o Instituto (como assessores ou dependentes) estejam conscientes de que atuam em um Instituto com carisma próprio e que, segundo o espírito de pobreza, o uso dos bens tem como finalidade o desenvolvimento da missão.

Estas diretrizes, queridos Irmãos e queridas Irmãs, têm como único objetivo facilitar o papel imprescindível que vocês têm como responsáveis pelas distintas Famílias religiosas.

Nosso Dicastério, em total fidelidade às diretrizes e às orientações do Santo Padre, oferece com muito prazer este serviço, certo de que, ao viverem evangelicamente a dimensão econômica, os Institutos de vida consagrada e as Sociedades de vida apostólica poderão encontrar renovado impulso apostólico para continuar sua missão no mundo.

Sintamos endereçado a nós, pessoalmente, o mandato implícito nas palavras do Santo Padre: "A missão no coração do povo não é uma parte da minha vida, ou um ornamento que posso pôr de lado; não é um apêndice ou um momento entre tantos outros da minha vida. É algo que não posso arrancar do meu ser, se não me quero destruir. Eu *sou uma missão* nesta terra, e para isso estou neste mundo. É preciso considerarmo- -nos como que marcados a fogo por esta missão de iluminar, abençoar, vivificar, levantar, curar, libertar";[15] nossas comunidades receberão "os mais belos dons do Senhor".[16]

Assegurando a todos nossa lembrança no Senhor, saudamos com sincero afeto.

Cidade do Vaticano, 2 de agosto de 2014.

Santa Maria dos Anjos da Porciúncula

João Braz Card. De Aviz
Prefeito

José Rodríguez Carballo, OFM
Arcebispo Secretário

---

[15] Francisco, Exortação Apostólica *Evangelii Gaudium* (24 de novembro de 2013), 273.
[16] Ibidem, 272.

Impresso na gráfica da
Pia Sociedade Filhas de São Paulo
Via Raposo Tavares, km 19,145
05577-300 - São Paulo, SP - Brasil - 2014